Das sind **Kofi**

und seine Freundin **Fina** .

Die beiden sind Kofferfische.
Kofferfische sind immer unterwegs.
Mal sind sie im Meer, mal auf dem Berg …

Kofi und Fina sprechen in Reimen.
Aber manchmal fehlt noch Kofis Reim
und manchmal fehlt noch Finas Reim.

Es gibt zwei Wege,
den fehlenden Reim zu finden.

1. Weg Du erfindest die zweite Hälfte selbst.

2. Weg Hinten im Heft ist ein Stickerbogen.
Dort suchst du den Reim. Den klebst du auf die Seite.
Dann sieht es so aus:

Inhalt

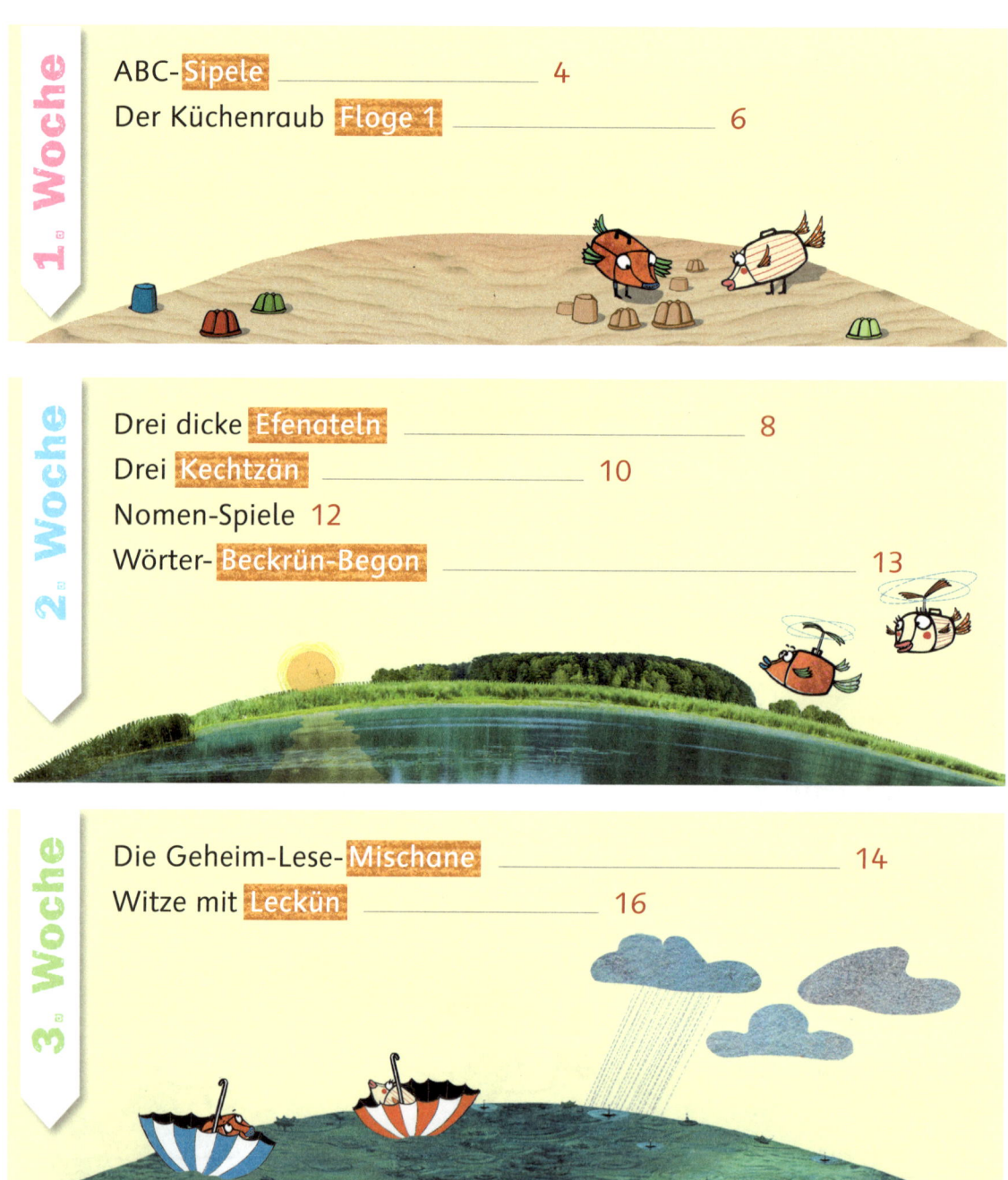

Hier sind einige Schüttelwörter hineingeraten.
Trage die richtigen Wörter ein.
Tipp: Schau nachher auf den Seiten nach.

ABC - Spiele

Der Luftballon will hoch hinaus.
Sein Band hängt leider quer am Haus.
Das Haus gehört der blauen Maus.

Die Maus holt eine große Leiter.
Sie steigt aufs Dach – noch heiter.
Doch oben geht's jetzt
                     nicht mehr weiter.

Denn oben warten Katzen.
Sie haben scharfe Tatzen,
die können fix und böse kratzen.

Die Maus macht mutig einen Satz.
Sie findet glücklich Halt und Platz
am Schwanzgefieder
                     von Herrn Spatz.

 Welcher Buchstabe des **ABC** fehlt in der Versgeschichte?

Finde Wörter mit diesem Buchstaben.
Überlege: Wo könnte eines der Wörter
in der Versgeschichte Platz finden?

🔴 Ordne die Wörter jeder Reihe nach dem **ABC** und nummeriere sie.

🔴 Bilde mit dieser Reihenfolge lustige Sätze.
Manchmal musst du noch Endungen an die Wörter setzen.

gelb   gehen   Gemüse   gießen   Gabi   Gackergans
☐   ☐   ☐   ☐   1   2

Gabi Gackergans _____

Nilpferde   9   Nashorn   Nadja   neugierig   niedlich   necken
☐   ☐   ☐   ☐   ☐   ☐   ☐

baden   barfuß   Bachstelze   braun   Brezeln   Babette   bezuckert
☐   ☐   ☐   ☐   ☐   ☐   ☐

Mammuts   mit   manchmal   malen   modern   Magda   Mopeds   Makrele ◀
☐   ☐   ☐   ☐   ☐   ☐   ☐   ☐

Der Küchenraub Folge 1

Inspektor
Froscholoff
findet alles

Herr Erpelowski war sehr aufgeregt.
„Sehen Sie, Herr Inspektor!
Mein Kühlschrank ist leer. Der Einbrecher hat
die ganze Entengrütze gestohlen."

„Hm", sagte Inspektor Froscholoff, „Entengrütze."
Er sah sich in der Küche um und fragte:
„Haben Sie ein Foto von Ihrer Küche vor dem Einbruch?"

„Ja, zufällig vor zwei Tagen habe ich die Küche fotografiert."
Herr Erpelowski gab Froscholoff ein Foto .
Froscholoff sah das Foto an und sagte:
„Herr Erpelowski, der Einbrecher hat noch etwas ganz anderes gestohlen."

 Was hat der Dieb noch gestohlen?

Froscholoff betrachtete gründlich den Küchenboden
und sagte fröhlich: „Der Einbrecher hat Spuren hinterlassen.
Das erleichtert die Ermittlung sehr.
Hier sind meine Spurenkarten, sehen Sie."

Elster
Fuchs
Gans
Maus
1
2
4
3

 Wessen Spuren erkennst du in der Küche?

Inspektor Froscholoff und Herr Erpelowski betrachten den Tatort.

Das Foto der Küche: So sah es vor zwei Tagen aus.

Köstliche Kuchen aus Zuckersand.

Drei dicke Elefanten

dick dicker am dicksten

Der **dicke** Elefant frisst jeden Tag fünf Brote.

Der **dickere** Elefant frisst jeden Tag fünf mal fünf Brote.

Und was tut der **dickste** Elefant? Schau in der blauen Kiste nach.

Der dickste Elefant *frisst* _____

_____ .

In den beiden Kisten findest du Verben und Wortgruppen.
Baue lustige Sätze mit ihnen.
Die Adjektive musst du steigern – wie bei den **dicken** Elefanten.
Manche Verben musst du mehrmals benutzen.

jagen   fressen   voll weinen   sich verstecken
nass weinen   reiten

Verben

die Tasse   das Auto   hinter dem Stein   der Hase
sein Taschentuch   der Affententränensee   auf einem Marienkäfer
sein Schatten   Jeden Tag fünf mal fünf Brote   Jeden Tag fünf mal fünf Brote
unter dem Pilz   Jeden Tag fünf mal fünf Brote   Jeden Tag fünf Brote

vergnügliche Satzenden

Drei winzige Giraffen

Die winzige Giraffe versteckt sich _____ .

Die winzigere Giraffe _____

Die _____

_____ .

Drei traurige Affen

Der _____ .

Der _____ .

Der _____

_____ .

Drei dumme Hunde

Der _____ .

Der _____ .

Der _____

_____ .

Drei Kätzchen

Schreibe zu jedem Bild einen Satz.

Es waren einmal drei Kätzchen –
ein schwarzes, ein weißes und ein graues.

Sie sahen eine Maus und

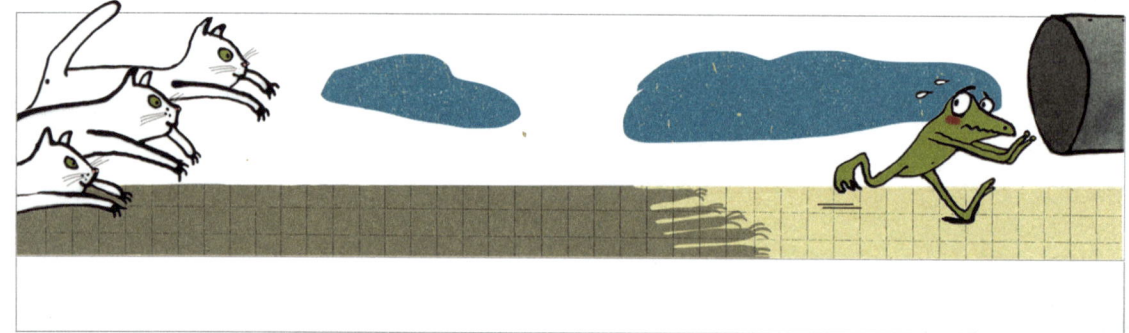

Nomen-Spiele

Drehwörter Drehwörter Drehwörter

✳ Wie heißen diese Wörter richtig?

Flohwasser

Bürstenzahn

Schirmregen

Eisenhuf

Stiefelgummi

Waldnadel

Fischgold

Falsche Paare

✳ Wie heißen diese acht Wörter richtig?
Suche zum ersten Wortteil den passenden zweiten und verbinde beide.
Dann schreibe das neue zusammengesetzte Wort auf.

Bratpfanne,

Mittelei   Bratsenkel   Rückenbart   Wasserschnuppe

Spiegelpfanne   Sternstürmer   Schnürflosse   Vollfloh

Die Sonne malt goldene Kreise.

Wörter - BRÜCKEN - Bogen

Motor ‖‖ **H a u b e n** ‖‖ Taucher

Auto ‖‖ _ _ _ _ _ _ ‖‖ Tür

Apfel ‖‖ **B** _ _ _ _ ‖‖ Haus

Kraken ‖‖ _ _ _ _ _ _ ‖‖ Leuchter

Drachen ‖‖ **H** _ _ _ ‖‖ Band

Löwen ‖‖ **Z** _ _ _ _ ‖‖ Arzt

Sonnen ‖‖ _ _ _ _ _ _ _ _ _ ‖‖ Schlange

Sommer ‖‖ _ _ _ _ _ _ _ ‖‖ Tropfen

Schloss ‖‖ _ _ _ _ _ _ _ _ _ _ _ ‖‖ Bahn

* Welche Wörter fehlen in der Mitte? Setze sie ein.

* Hier kannst du selbst Wörterbrücken bauen:

_____ ‖‖ _____ ‖‖ _____

_____ ‖‖ _____ ‖‖ _____

_____ ‖‖ _____ ‖‖ _____

13

Die Geheim-Lese-Maschine

Herr Froscholoff verschickt gerne Postkarten.
Postkarten haben viele Vorteile:
Das Porto ist billiger und vorn ist ein Bild.
Postkarten haben aber einen großen Nachteil:
Jeder kann lesen, was da geschrieben steht.

Für ganz geheime Nachrichten hat Froscholoff
eine Geheimschrift erfunden. Die kann nur lesen,
wer eine **Geheim-Lese-Maschine** hat.

Diese Karte hat Froscholoff
seinem Freund geschrieben.

Mjfcfs Tbmbnboespx,

jo ejftfs Fjdif jtu fjof Xpiovoh.
Xp ejf Axfjhf fjo X cjmefo,
cjtu Ev tjdifs.
Eb gjoefu Ejdi efs Tupsdi ojf.

Efjo Gsptdipmpgg

So hat Froscholoff seine **Geheim-Lese-Maschine** gebaut.
Damit kann er Geheimschriften schreiben und lesen.
So schreibt er seine Geheimschrift: A wird zu Z, B wird zu A

Das braucht er:

1. eine größere Pappscheibe
2. eine kleinere Pappscheibe

3. eine Klammer
Damit verbindet er die
beiden Scheiben in der Mitte.

Buchstaben für Geheimtext
Buchstaben für echten Text

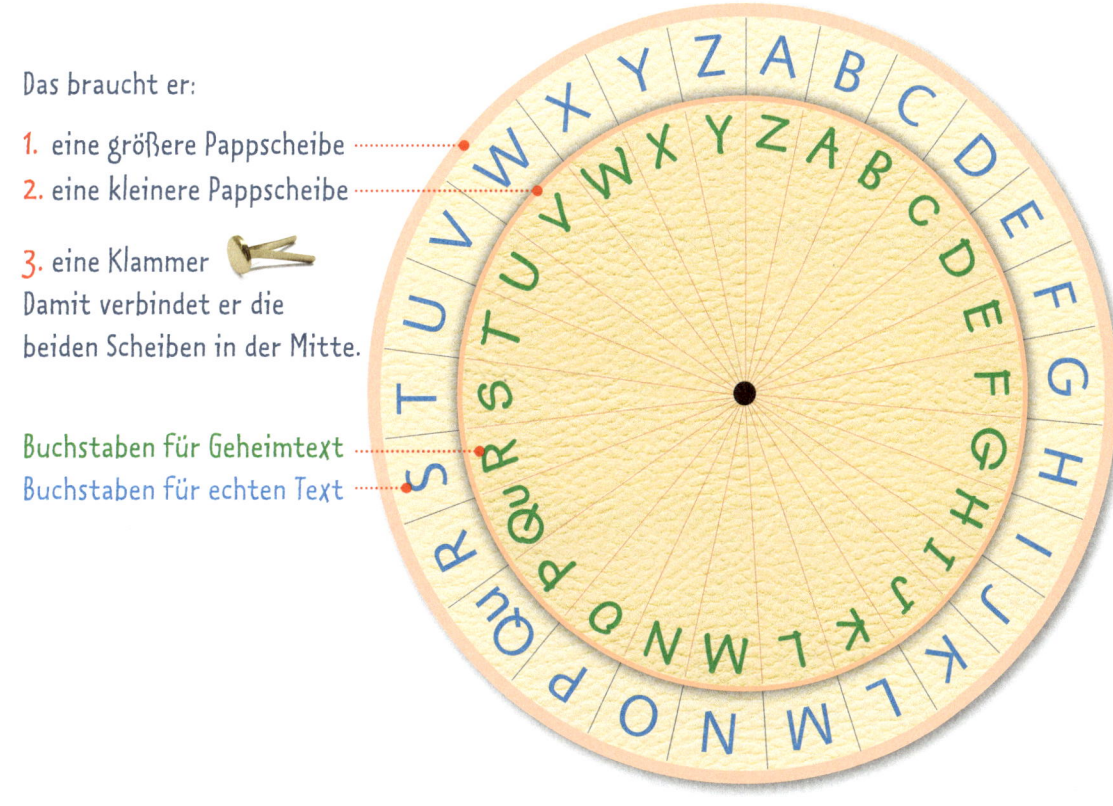

Auf dem hinteren Umschlag findest du eine Bastelanleitung.

Schreibe hier, was Froscholoff seinem Freund geschrieben hat.
Wenn Froscholoffs Freund das gelesen hat, wird er froh sein.

Lieber

W🩲tze mit Lücken

Was fehlt hier?
Suche die passenden Wörter in den Wolken und setze sie ein.

__Ein Elefant__ kommt in _____ .

Der _____ fragt: „Was möchten Sie?"

„_____ ", antwortet der Elefant.

Der Verkäufer fleht ihn an: „Aber bitte, bitte nicht hier!"

Oma hat sich _____ ganz kurz schneiden

lassen. „Omi, du siehst gar nicht mehr aus wie eine alte Frau",ruft der Enkel.

Oma lächelt und fragt: „Na, wie sehe ich denn jetzt aus?"

„Wie ein _____ ", antwortete der kleine Enkel.

Ein _____ geht allein zum Optiker.

„Ich brauche eine _____ !", sagt er. „Kurzsichtig oder weitsichtig?"

„Egal. Hauptsache durchsichtig!"

Wenn es regnet, dideldum …

 _____ schmieden Urlaubspläne.

Kommt der Sohn und sagt: „Ich möchte irgendwohin,

wo ich schon lange nicht mehr war." Darauf antwortet _____ :

„Na, dann geh mal zum _____ ."

Zwei _____ treffen sich

in der _____ .

„Wie geht's?", fragt das eine _____ .

„Ach", stöhnt das andere, „nicht sehr gut,

ich fühle mich heute so zerschlagen."

Spiegelei

eine Bäckerei

der Vater

~~ein Elefant~~

Brille

Spiegeleier

alter Mann

Junge

Frisör

die Haare

Bratpfanne

Rumkugeln

Vater und Mutter

Verkäufer

Würfelspiel

Ihr braucht: für jeden Mitspieler eine Figur → 1 Würfel → 1 kleines Blatt Papier → 1 Stift → 1 Schal oder Tuch

ZIEL

Du bist im Spinnennetz gefangen. Setze eine Runde aus.

Gehe so viele Felder in diese Richtung.

1. Du hast Angst. Krieche unter den Tisch und setze eine Runde aus.

2. Ein Mitspieler schreibt dir 3 Wörter auf einen Zettel.
Erzähle du nun eine kleine Geschichte, in der diese Wörter vorkommen. Gehe 2 Felder vor.

3. Der Hund hat vier Beine, der Goldfisch hat kein's.
Ich will eine EINS.
Setze für Hund und Goldfisch andere Tiere ein, dann darfst du 1 Feld vor.

4. Fledermäuse sind nachts aktiv. Gehe mit verbundenen Augen einmal um den Tisch herum.

5. Der Hund legt sich schlafen, das Huhn legt ein Ei.
Ich will eine ZWEI.
Hast du diesen Spruch laut gerufen, darfst du 2 Felder weitergehen.

6. Fledermäuse schlagen beim Fliegen ständig mit den Flügeln und wechseln die Richtung. Mache den „Flatterflug" nach. Dann fliege 1 Feld weiter.

7. Willst du ein Feld vorwärtsgehen, muss erst ein Reim zur Fledermaus entstehen.

8. Der Hund spitzt die Ohren, schleicht ein Räuber vorbei.
Ich will eine DREI!
Wie kann man sich noch bewegen? Nenne 5 Verben. Dann schleiche leise 3 Felder weiter.

9. Was hast du gewürfelt?
Gehe so viele Schritte rückwärts.

10. Du kannst erst mit einer SECHS weiterspielen.

11. Fledermäuse halten Winterschlaf. Schlafe auch du eine Runde. Schnarche so lange.

12. Der Hund ist kein Spielzeug, der Hund ist ein Tier.
Ich will eine VIER!
Beschwörst du den Würfel mit einem „Vierer-Spruch", darfst du natürlich 4 Felder vorrücken.

Kreuz  gitter
Rätsel

G	H	K	A	R	O	T	T	E	H	K	M	F	I
M	E	T	X	O	C	U	M	S	A	Ä	S	R	P
A	F	M	I	G	E	L	K	T	A	N	N	E	T
R	B	Z	T	G	R	P	F	P	C	G	B	H	K
I	O	F	L	E	D	E	R	M	A	U	S	X	P
E	R	F	U	N	A	Y	G	A	Z	R	N	B	G
N	P	E	C	D	P	M	N	**U**	**H**	**U**	R	I	E
K	A	R	T	O	F	F	E	L	P	Z	Q	R	U
Ä	L	U	S	W	A	T	G	W	S	L	U	N	H
F	O	J	K	A	U	L	Q	U	A	P	P	E	M
E	K	I	H	N	R	E	D	R	D	S	I	F	O
R	O	T	K	O	H	L	T	F	E	R	K	E	L

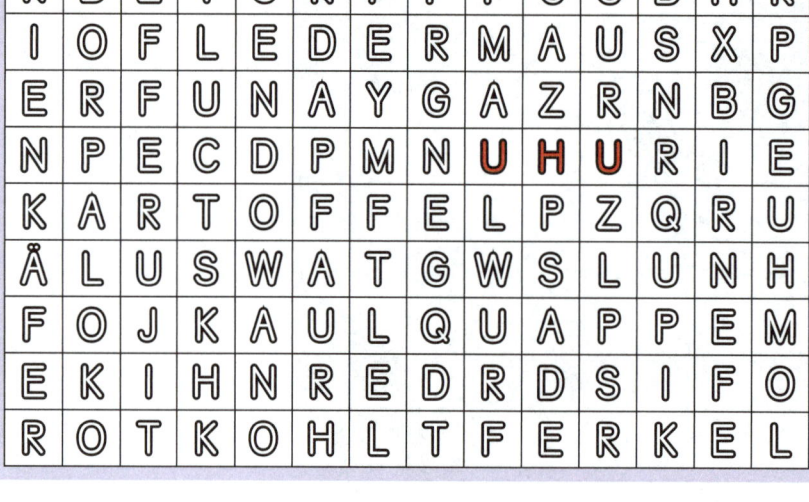

Im Kreuzgitter findest du 17 Namen von Tieren und Pflanzen. Die 5 Bilder und die Hinweise ● helfen dir beim Suchen.

✗ die größte Eule …

● ein Tier mit Stacheln …

● eine Getreideart …

● ein fliegendes Säugetier …

● ein Frühblüher …

● das Kind vom Schwein …

● ein Beuteltier …

● er gräbt kleine Haufen …

● ein Nadelbaum …

● ein anderes Wort für „Möhre" …

● ein rotes Gemüse …

● sie schlüpft aus einem Froschei …

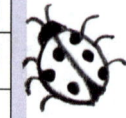

Gibt's denn so was?

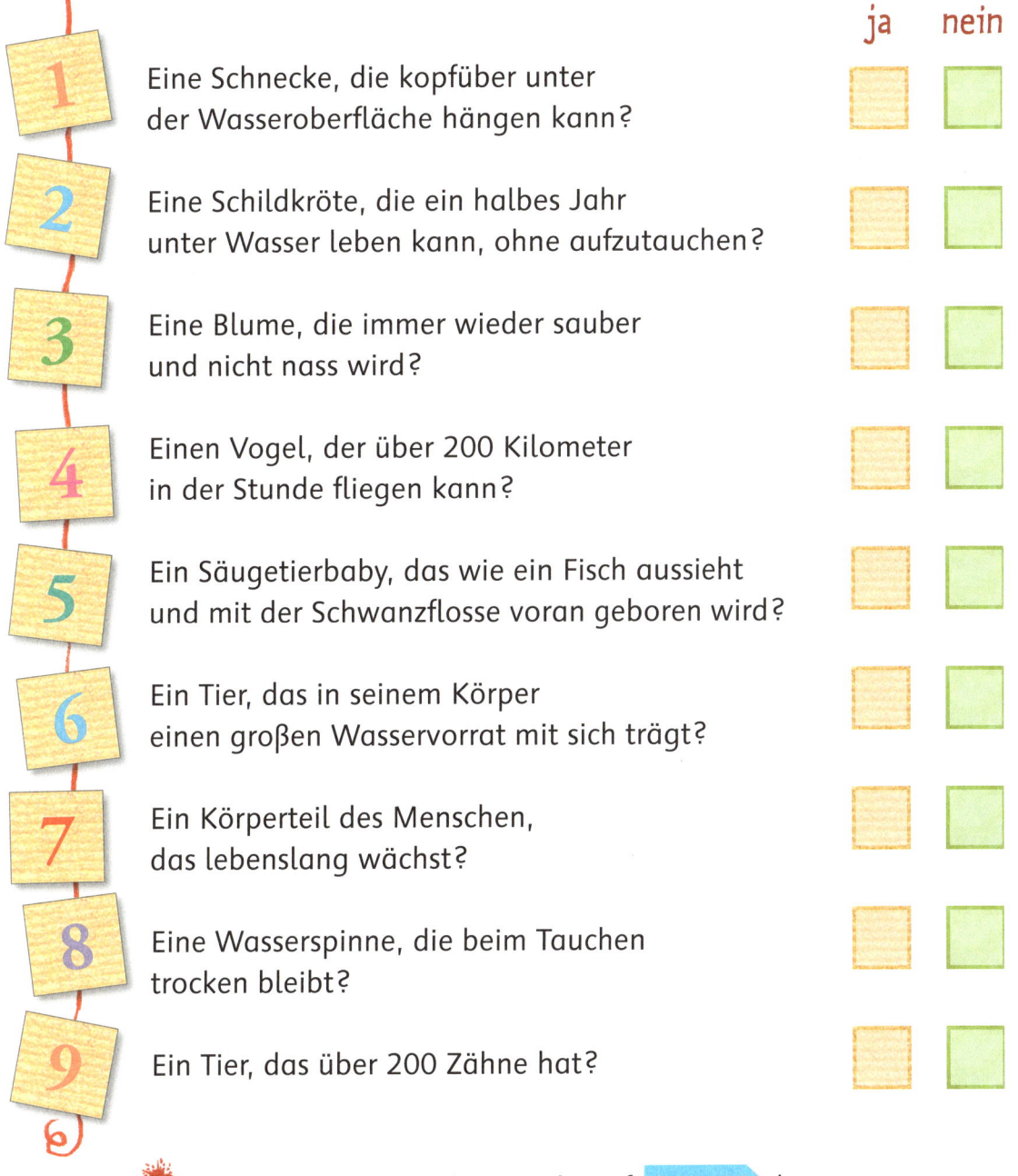

		ja	nein
1	Eine Schnecke, die kopfüber unter der Wasseroberfläche hängen kann?		
2	Eine Schildkröte, die ein halbes Jahr unter Wasser leben kann, ohne aufzutauchen?		
3	Eine Blume, die immer wieder sauber und nicht nass wird?		
4	Einen Vogel, der über 200 Kilometer in der Stunde fliegen kann?		
5	Ein Säugetierbaby, das wie ein Fisch aussieht und mit der Schwanzflosse voran geboren wird?		
6	Ein Tier, das in seinem Körper einen großen Wasservorrat mit sich trägt?		
7	Ein Körperteil des Menschen, das lebenslang wächst?		
8	Eine Wasserspinne, die beim Tauchen trocken bleibt?		
9	Ein Tier, das über 200 Zähne hat?		

Genaue Antworten kannst du auf Seite 22 lesen.

So was gibt es

1 Ja, die Spitz-Schlammschnecke kann sich mit ihrem Schleim kopfüber an die Wasseroberfläche hängen und daran entlangkriechen.

2 Ja, die Moschus-Schildkröte kann bis zu sechs Monaten unter Wasser bleiben. Andere Wasserschildkröten müssen viel öfter auftauchen, um Luft zu holen.

3 Ja, die Lotus-Blume hat eine ganz besondere Oberfläche: mit winzig kleinen Hügeln und Tälern. Schmutzteilchen können darauf gar nicht richtig liegen und Wassertropfen perlen einfach ab.

4 Nein, ein so schneller Vogel ist noch nicht bekannt. Aber der Steinadler kann im Sturzflug bis zu 150 km/h erreichen.

5 Ja, kleine Delfine werden so geboren: mit der Schwanzflosse voran.

6 Ja. Kamele können bis zu 200 l Wasser als Vorrat in ihrem Körper speichern. Aber nicht im Höcker! Die Höcker sind Fettreserven und Energiespeicher der Tiere. Das Wasser speichern die Kamele im Magen und im Blut.

7 Ja. Jeder Jugendliche hört irgendwann auf zu wachsen, er ist erwachsen. Nur unsere Ohren, die wachsen lebenslang.

8 Ja, die Wasserspinne bleibt beim Tauchen trocken. Sie hat winzig kleine Härchen auf ihrer Haut. Daran bleiben winzige Luftbläschen hängen und halten sie trocken.

9 Ja, der Tigerhai hat mehr als zweihundert Zähne. Und sie wachsen immer wieder nach. Fällt einer aus, kommt gleich ein neuer hinterher.

Spielen Igel Wasserball ...

Eine  aus den Ferien

Manche Kinder verreisen. Manche Kinder bleiben zu Hause
und machen Ferien im Garten, auf Balkonien oder in Fantasien.
Lustige Feriengrüße kann man von überall schreiben.

Zum Basteln brauchst du:

◆ ein Stück Zeichenkarton als Postkarte (10 x 15 cm)

◆ ein Foto deiner Ferienlandschaft oder von dir

◆ Schere, Stifte, Kleber

Auf die Rückseite kannst du nun
deine Grüße schreiben.
Und wichtig: die Adresse!

Name

Straße

Postleitzahl, Ort

Radtour mit Hindernissen

Gabi GELB, Benny BLAU und Rita ROT machen eine Radtour.
Doch wohin führt ihr Weg?

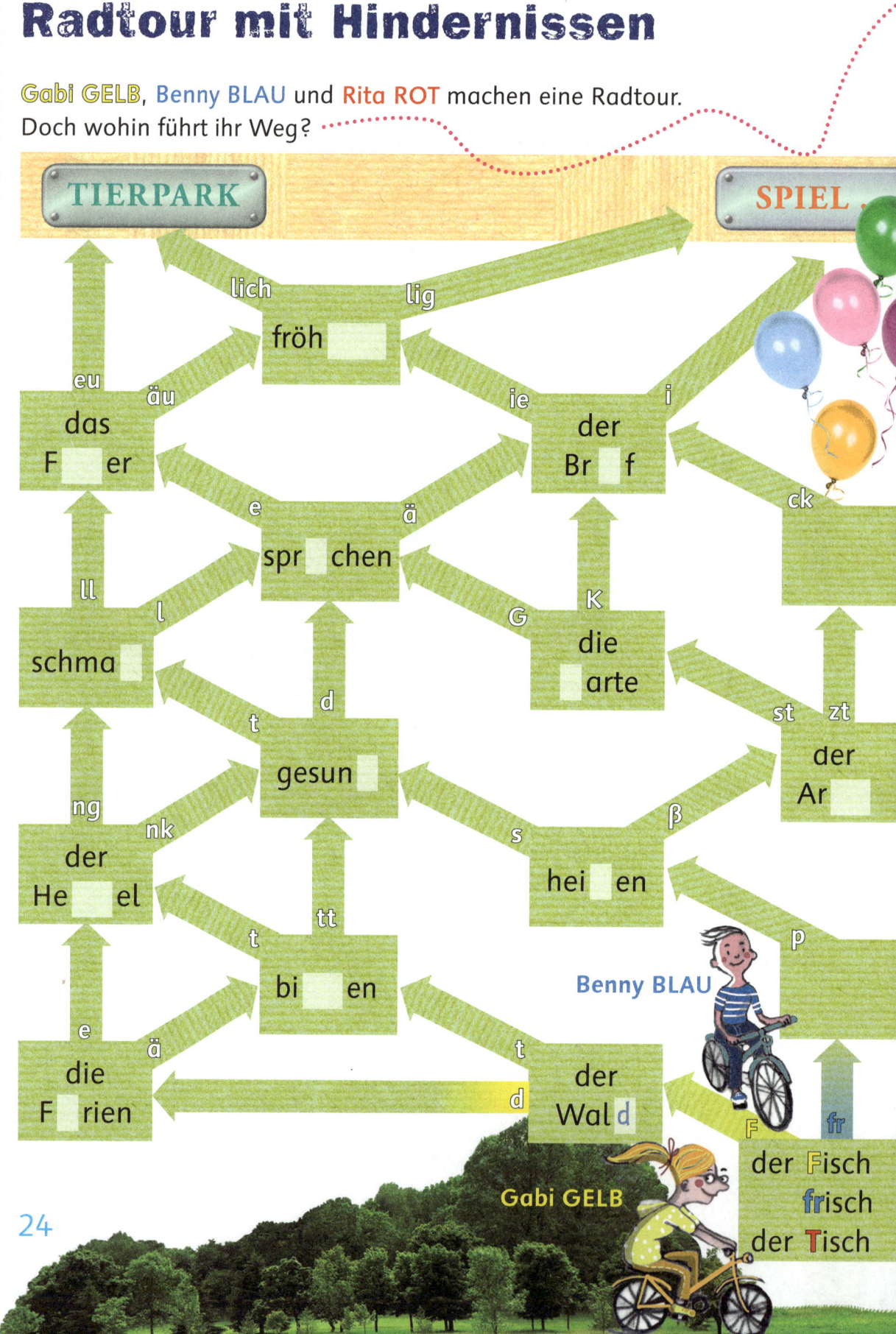

TIERPARK

SPIEL

lich   lig
fröh

eu   äu
das
F er

ie   i
der
Br f

e   ä
spr chen

ll   l
schma

K
G
die arte

ck

st   zt
der
Ar

d
gesun

t

ng   nk
der
He el

s   ß
hei en

t   tt
bi en

Benny BLAU

p

e   ä
die
F rien

t
der
Wal d

d

Gabi GELB

F   fr
der Fisch
frisch
der Tisch

24

Der Weg führt über die richtigen Buchstaben.
Schreibe die richtigen Buchstaben farbig nach und setze sie
in die Wortlücke ein. Dann folge dem Pfeil zum nächsten Wort.

.. PLATZ

KINO

i   ü
die
B rne

i   ie
r chen

v   w
die
Kur e

k
die
Glo e

ich   ig
lust

ck   k
bli en

g   k
der
Zu

tz

n   nn
re en

d   t
das
Gel

ng   nk
der
Ri

b
der
Na el

p   b
lie

g
der
We   k

ü   i
der
H rsch

Rita ROT

25

Der Küchenraub Folge 2

Inspektor Froscholoff ist dem Küchendieb auf der Spur.
Er verdächtigt Bruno Gantorowitsch, den berüchtigten Gänsehelden.
Ganz sicher hat er Entengrütze, Gänsewein und Blumentopf gestohlen,
um sie einer Gänsedame zum Geschenk zu machen.

Aber wer ist die Beschenkte?
Froscholoff hat eine Idee:
Im Papierkorb vor Gantorowitschs Haus ...

... findet Inspektor Froscholoff Briefschnipsel.
Es sind Fetzen von Liebesbriefen mit Gantorowitschs Handschrift.
Froscholoff streicht die Schnipsel glatt, nimmt die Lupe und liest.
Gleich wird er wissen, bei welcher Gänsedame Entengrütze,
Gänsewein und Blumentopf gelandet sind.

Das Rauschen der Blätter ...

... Angebetete mit dem rotgrünen Kopfputz,
Deine blauen Augen und gelben Strümpfe
haben es mir angetan.
Wenn Du es willst, bringe ich Dir jeden Tag
frischen Klee und zarten Löwenzahn ...

... Holde mit dem grünroten Kopfputz,
Deine grünen Augen und blauen Strümpfe
gefallen mir so sehr. Sei für mich da, ich will
Dir Honig und Schokolade bringen ...

... Edle mit dem gelbgrünen Kopfputz,
Deine roten Augen und die grünen Strümpfe
bringen mein Herz zum Schlagen. Ich will Dir
ein Liedlein zur Nacht singen ...

... Schöne mit dem blaugrünen Kopfputz,
Deine gelben Augen und die roten Strümpfe
sind wunderbar. „Ich bringe Dir Entengrütze,
Gänsewein ...

Gisela   Gudrun   Gerda   Gabi

 Bei welcher Gänsedame wird Froscholoff den Blumentopf finden?

Parzival

Parzival, das Superhirn, muss in die Schule!

Die Geschichten,
die Mama ihm abends vor dem Einschlafen erzählte,
spielten alle im Urwald, wo die Papageien früher gewohnt hatten.
Und sie handelten von Lianen, Libellen, Löwen …

„Schluss jetzt!", krächzte eines Tages der Papa-Papagei.
„Löwen im Urwald, so ein Unsinn.
Der Kleine muss was lernen.
Er kann doch nicht den lieben langen Tag
nur vor dem Spiegel hocken."
Stimmt. Aber es stimmte nicht ganz.
Denn Nachsprechen zum Beispiel,
was alle Papageien können müssen,
das hatte er schon gut gelernt.
Sagte Mama etwa „Herrjemine!",
wiederholte es der Kleine ganz genau: „Herrrr-jemine."

„Es wird Zeit, dass unser Superhirn in die Schule kommt",
sagte Papa-Papagei. „Und damit man dich dort,
in der Schule, nicht verwechseln kann,
geben wir dir einen Namen. Von nun an heißt du Parzival.
Erweise dich deines Namens würdig."

Der kleine Papagei nickte mutig.
Am nächsten Tag flog Parzival in die Papageienschule.

Parzivals Auftritt in der Papageien-Schule

„Guten Tag!", sagte der Lehrer,
als Parzival ins Klassenzimmer geflattert kam.
„Guten Tag", wiederholte der kleine Papagei.
Und der Lehrer war gleich sehr zufrieden mit ihm,
denn die anderen Papageienkinder krakeelten alle
wie wild durcheinander.

Das Klassenzimmer war ein großer Käfig.
Und die Schule selbst bestand aus lauter solchen Käfigen.
Dann klingelte es, der Unterricht begann.
Der Lehrer erzählte etwas vom Wald.
Und da der kleine Papagei gut aufpasste,
dachte er gleich an den Urwald, an Lianen, Libellen, Löwen …

„Du Schlendrian!", rief plötzlich der Lehrer, denn
eines der Papageienkinder hatte seine Schreibfeder vergessen.
Der Lehrer hatte das aber sehr laut gerufen
und so dachte der kleine Parzival,
dass er das jetzt wiederholen sollte.
„Du Schlendrian!", rief er, so laut er konnte.

In der Klasse wurde es plötzlich ganz still.
Der Lehrer sah sich um und sagte: „Nananana."
„Nananana", wiederholte Parzival artig.
Der Lehrer wurde ärgerlich und rief: „Was soll denn das!"
„Was soll denn das!", rief auch der kleine Papagei,
nun ebenfalls ganz ärgerlich,
denn er wollte ja alles richtig machen.

Nachplappern und was dabei herauskommt

Der Lehrer sah ihn streng an und sagte:
„Ach so, du bist das, du kleiner Schurke!"
Ach, so ein langer Satz! Der kleine Papagei
blickte den Lehrer mit großen Augen an und stotterte leise,
was er davon behalten hatte: „Du … du … du … kleiner Schurke!"
Das war dem Lehrer nun doch zu viel!
„Halt endlich deinen Schnabel!", schrie er.
„Halt deinen Schnabel!", wiederholte der kleine Papagei.
Er sah den Lehrer stolz an.
Was der jetzt wohl sagen würde.
Er sagte nichts. Er tobte.
Er verlor die Fassung – und ein paar Federn,
die bunt durchs Klassenzimmer schwebten. Eine davon
krallte er sich und schrieb damit etwas ins Klassenbuch.
Dem kleinen Parzival aber zischte er zu:
„Ich sorge dafür, dass du aus der Schule fliegst!"
Da braucht er sich doch keine Sorgen zu machen, der liebe Lehrer,
dachte der kleine Papagei. Das kann ich schon ganz alleine.
Und da das Käfigfenster gerade offen stand, zeigte er es gleich:
Er flog aus der Schule. Ganz alleine! Auf und davon.
Und geradewegs in den Park.

Dort setzte er sich auf einen Ast und überlegte.
Er war eigentlich gar nicht lange zur Schule gegangen.
Trotzdem hatte er schon allerhand gelernt, zum Beispiel,
dass Nachplappern nicht immer zum Erfolg führt.
Das musste er sich unbedingt merken.
Also plapperte er es immer wieder vor sich hin:
„Nachplappern ist Quatsch! Nachplappern ist Quatsch!
Nachplappern …"

Plötzlich gab es einen kleinen Luftzug und neben ihm
saß ein Papageienmädchen.
Donnerwetter! Das Papageienmädchen war so schön,
dass Parzival fast vom Baum gefallen wäre.
Ein Glück, dass er sich am Baum festgekrallt hatte.
So wurde es nur eine ganze Umdrehung, eine Riesenfelge.
Die sah übrigens sehr elegant aus.

Sie starrte ihn an und sagte: „Ich finde dich süß."
Mist! Dasselbe hatte er ihr auch gerade sagen wollen …
Aber Nachplappern brachte einen nur in Schwierigkeiten.
Das hatte er ja gerade gelernt.
Also sagte er, was seine Mama immer zu ihm sagte,
das konnte nicht falsch sein: „Herrrr-jemine!"
Sie rückte ein Stück ab, beäugte ihn von Kopf bis Fuß
und flüsterte: „Ich liebe dich, Schatzi."
Oh, du Schreck! Beinahe hätte Parzival es ihr
wieder nachgeplappert, denn ihm war danach …
Aber er besann sich und sagte,
was ihm gerade so in den Kopf kam:
„Ich esse keine hart gekochten Eier. Nie!"
Das Papageienmädchen warf ihm einen beleidigten Blick zu
und flatterte davon.
„Na, dann eben nicht!", rief sie – und weg war sie.
Er sah ihr traurig hinterher.

Jens Sparschuh

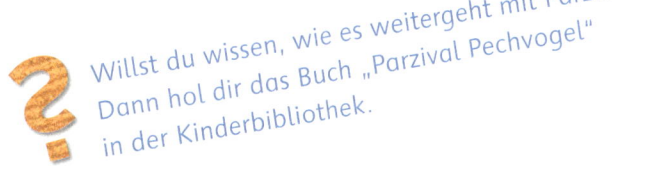

Willst du wissen, wie es weitergeht mit Parzival?
Dann hol dir das Buch „Parzival Pechvogel"
in der Kinderbibliothek.

Geschichte
zum Fertig-Schreiben

 Schreibe die Geschichte zu Ende.
Nutze die Wörter aus der Kiste.

Ein H_____ trug

eine schöne _____ im Maul.

Der _____ sagte: „Ich gebe dir _____ ,

gib mir die _____ ."

„Ich mag keinen _____ ", sagte der _____ .

Der _____ konnte es kaum aushalten.

„Sag, was ich tun soll, damit du mir die _____ gibst!"

Der _____ sagte:

„Lauf einmal um den _____ herum."

Der _____ lief einmal um den _____ herum.

Als er zurückkam, hatte der _____ die _____

schon aufgefressen.

Unten Wurzeln, oben Wipfel.

Der Fuchs fragte hechelnd: „Wo ist meine Wurst?"
„Deine Wurst?", fragte der Hund.
„Ich bin um den See gerannt, damit du mir die Wurst gibst."
„Guck mal nach oben", sagte der Hund schläfrig,
„ich glaube, da hängt sie."
Der Fuchs kniff die Augen zusammen und sah nach oben.

Da hing …

Reise durchs Heft

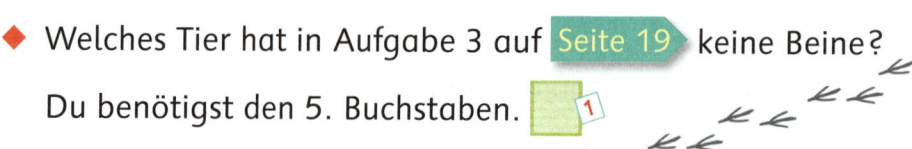

◆ Welches Tier hat in Aufgabe 3 auf Seite 19 keine Beine?

  Du benötigst den 5. Buchstaben. ☐1

◆ Zu wem gehören diese Spuren auf Seite 6 ?

  Schreibe den 2. Buchstaben des Tieres auf. ☐2

◆ Nimm den letzten Buchstaben vom Namen des Beuteltieres

  auf Seite 20 . ☐3

◆ Wer versteckt sich auf Seite 9 unter einem Pilz?

  Schreibe den Anfangsbuchstaben des gesuchten Tieres auf. ☐4

◆ Welche Speise hat Bruno Gantorowitsch Herrn Erpelowski gestohlen?

  Lies auf Seite 26 nach. Du brauchst den vorletzten Buchstaben. ☐5

◆ Was hat Froscholoff auf Seite 14 gebaut?

  Du brauchst den zweiten Buchstaben. ☐6

◆ Welches Tier läuft auf Seite 32 einmal um den See?

  Schreibe den 2. Buchstaben auf. ☐7

◆ Wer ist Parzival? Lies auf Seite 28 nach.

  Du brauchst den 5. Buchstaben des gesuchten Wortes. ☐8

Lösung:

Die Lösung kannst du an deine Lehrerin oder deinen Lehrer schicken.
Wie du eine Postkarte basteln kannst, steht auf Seite 23 .

34

Seite 4

Seite 5 Gabi Gackergans geht gelbes Gemüse gießen. ◆ Nadja Nashorn neckt neugierig neun niedliche Nilpferde. ◆ Babette Bachstelze badet barfuß bezuckerte braune Brezeln. ◆ Magda Makrele malt Mammuts manchmal mit modernen Mopeds. Seite 6 8 Flaschen • 1 Blumentopf • Nr. 4 = Gans Seite 8 Der dickste Elefant frisst jeden Tag fünf mal fünf mal fünf Brote. ◆ Die winzige Giraffe versteckt sich hinter dem Stein. • Die winzigere Giraffe versteckt sich unter dem Pilz. • Die winzigste Giraffe reitet auf einem Marienkäfer. ◆ Der traurige Affe weint sein Taschentuch nass. • Der traurigere Affe weint eine Tasse voll. • Der traurigste Affe weint den Affentränensee voll. ◆ Der dumme Hund jagt den Hasen. • Der dümmere Hund jagt das Auto. • Der dümmste Hund jagt seinen Schatten. Seite 12 Hufeisen • Zahnbürsten • Regenschirm • Gummistiefel • Goldfisch • Wasserfloh • Nadelwald ◆ Rückenflosse • Vollbart • Wasserfloh • Spiegelei • Sternschnuppe • Schnürsenkel • Mittelstürmer

Seite 13 Haus • Baum • Arm • Hals • Zahn • Brillen • Regen • Gespenster Seite 15 Lieber Salamandrow, in dieser Eiche ist eine Wohnung. Wo die Zweige ein W bilden, bist Du sicher. Da findet Dich der Storch nie. Dein Froscholoff

Seite 16 eine Bäckerei • Verkäufer • Rumkugeln ◆ die Haare • alter Mann ◆ Junge • Brille ◆ Vater und Mutter • der Vater • Frisör ◆ Spiegeleier • Bratpfanne • Spiegelei Seite 20 Kreuzgitter Seite 21 Die Antwort steht auf Seite 22. Seite 24/25 Gabi GELB und Benny BLAU wollen zum Tierpark. Rita ROT will zum Spielplatz. Seite 27 Gänsedame Gabi

Seite 32 Ein Hund trug eine schöne Wurst im Maul. Der Fuchs sagte: „Ich gebe dir Käse, gib mir die Wurst." „Ich mag keinen Käse", sagte der Hund. Der Fuchs konnte es kaum aushalten. „Sag, was ich tun soll, damit du mir die Wurst gibst!" Der Hund sagte: „Lauf einmal um den See herum." Der Fuchs lief einmal um den See herum. Als er zurückkam, hatte der Hund die Wurst schon aufgefressen.

G	H	K	A	R	O	T	T	E	H	K	M	F	I
M	E	T	X	O	C	U	M	S	A	A	S	R	P
A	F	M	I	G	E	L	K	T	A	N	N	E	T
R	B	Z	T	G	R	P	F	P	C	G	B	H	K
I	O	F	L	E	D	E	R	M	A	U	S	X	P
E	R	F	U	N	A	Y	G	A	Z	R	N	B	G
N	P	E	C	D	P	M	N	U	H	U	R	I	E
K	A	R	T	O	F	F	E	L	P	Z	Q	R	U
A	L	U	S	W	A	T	G	W	S	L	U	N	H
F	O	J	K	A	U	L	Q	U	A	P	P	E	M
E	K	I	H	N	R	E	D	R	D	S	I	F	O
R	O	T	K	O	H	L	T	F	E	R	K	E	L

Texte Franz Zauleck & Liane Lemke
Redaktion Barbara Bütow
Illustration Maja Bohn
Innengestaltung Linde de Maizière

Hinweise für die Erwachsenen

Ferien sind Ferien. Die Reise durch die Geschichten, Reime und Rätsel des Sommerheftes soll den Kindern ein Vergnügen sein, freiwillig und spielerisch.
Manchmal wird es hilfreich sein, die Basteleien (Geheim-Lese-Maschine) oder ein Spiel (Würfel-Spiel) gemeinsam zu machen. Dann macht es auch noch mehr Spaß. Und wenn es Spaß macht, lernt man am besten!

Die hier aufgeführten Übungsaspekte in den Texten, Spielen und Aufgaben sind exemplarisch und nur zur Orientierung für interessierte Erwachsene:

2 Orientieren; Schüttelwörter **4** Versgeschichte lesen; Alphabet **5** alphabetisches Ordnen; Sätze bilden; Wortendungen **6** Text lesen und erfassen; optisches Differenzieren **8** Steigerung von Adjektiven; Satzbildung; Verben konjugieren **10** Aufschreiben einer Geschichte zu vorgegebenen Bildern **12** zusammengesetzte Nomen **13** Brückenwörter bilden **14** Text lesen und erfassen **15** Geheimschrift entschlüsseln; Text aufschreiben **16** Lückentext lesen und Wörter sinnvoll in Lücken einsetzen **18** Würfelspiel mit Sprachaufgaben (Wort-, Textebene); Körperübungen **20** Wortbilder erfassen, Rätsel **21** Lesen, Sachwissen prüfen **22** Lesen **23** Postkarte basteln, schreiben; Adresse schreiben **24** richtiges Schreiben von Wörtern **26** Text lesen, erfassen; Text und Bild vergleichen; Kombinieren **28** Text lesen, erfassen **32** Lückengeschichte sinnvoll ergänzen, Text lesen **33** Geschichte zu vorgegebenem Anfang weiterschreiben
Umschlag hinten Geheim-Lese-Scheibe ausschneiden, basteln und anwenden

Textquellen
19 Maar, Paul: Würfelbeschwörungen (Der Hund hat … Der Hund legt sich schlafen … Der Hund spitzt … Der Hund ist kein …) Originalbeitrag **28** Sparschuh, Jens: Parzival. Aus: Parzival Pechvogel (Auszug). Verlag Nagel & Kimche, Frauenfeld / Zürich